sk

sky

skateboard

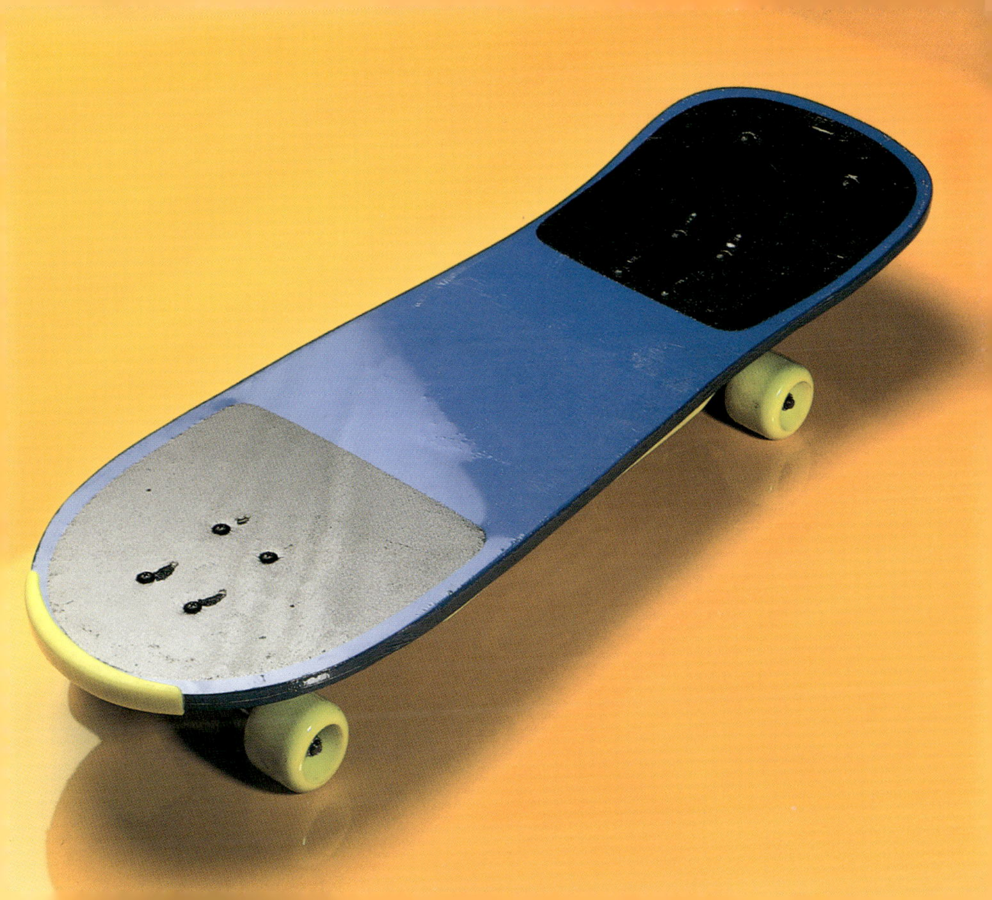

skeleton

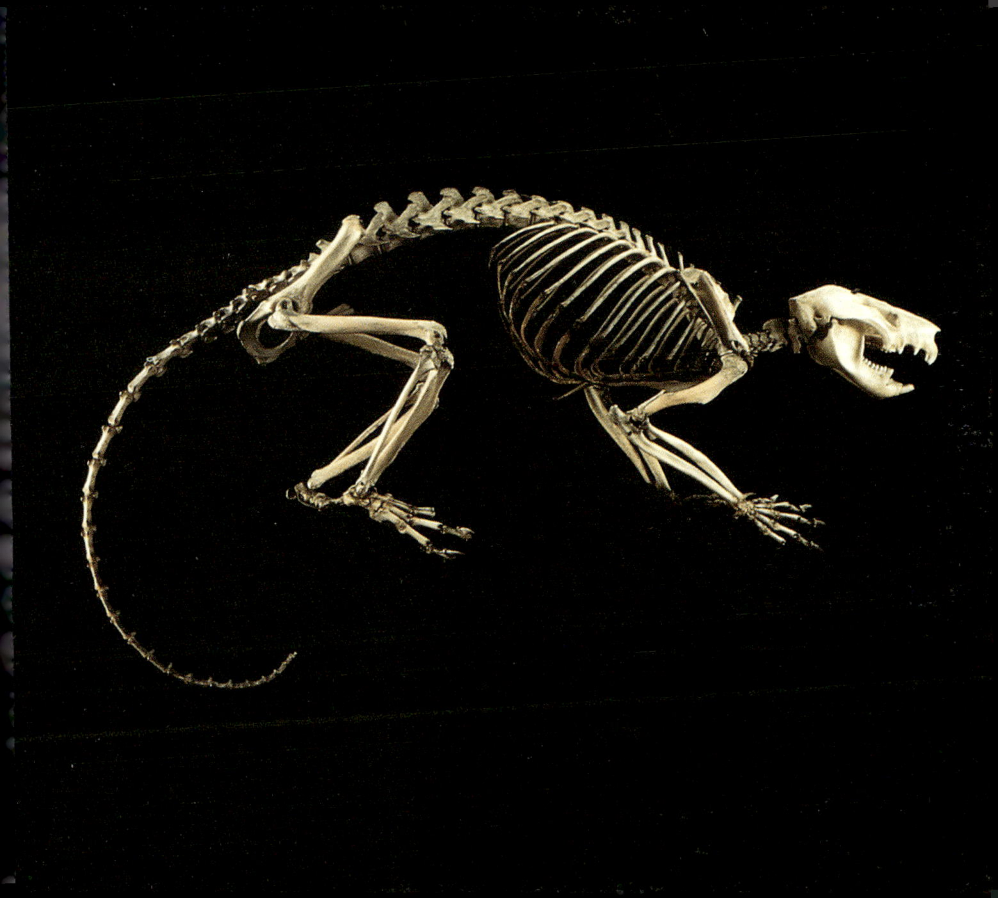

skirt

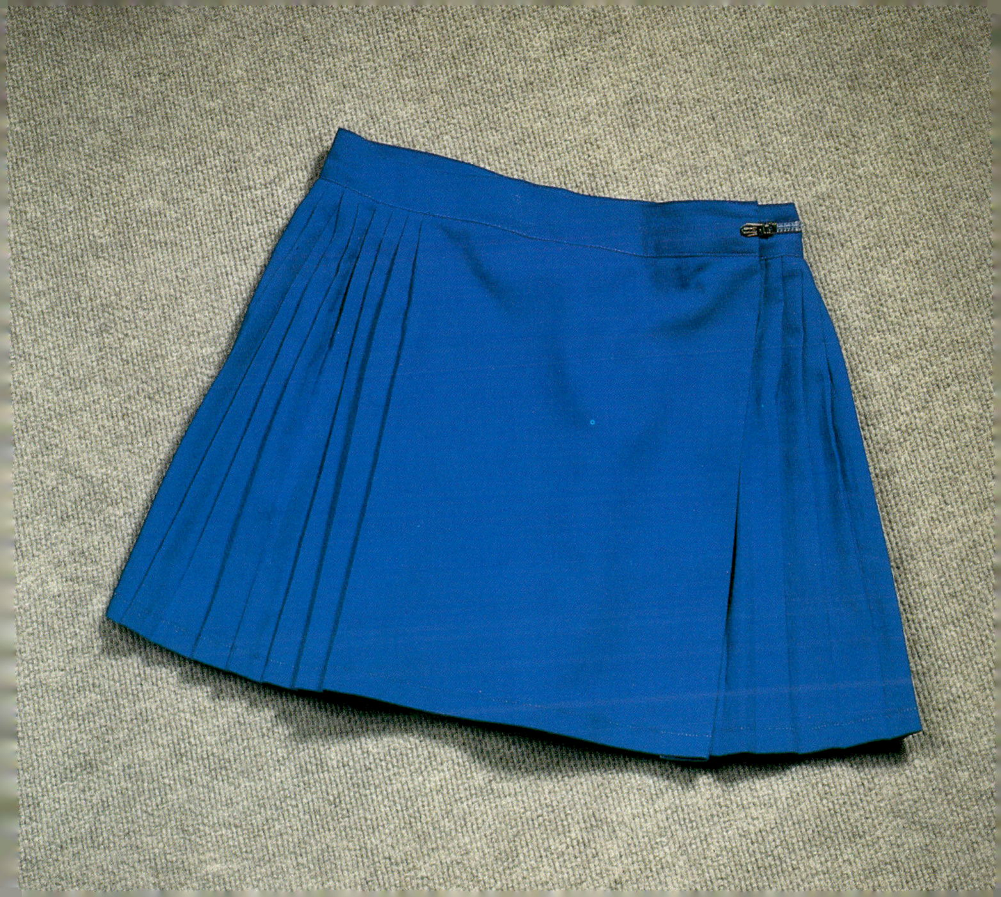

skier

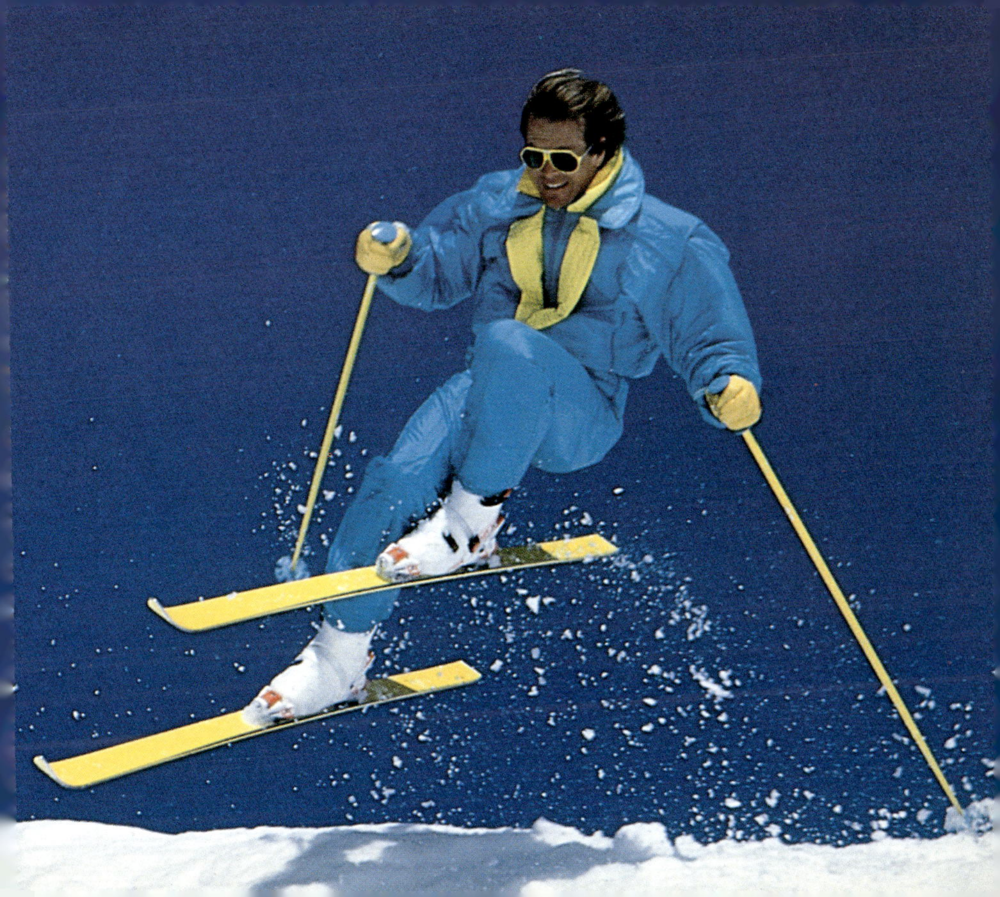

sk

sky

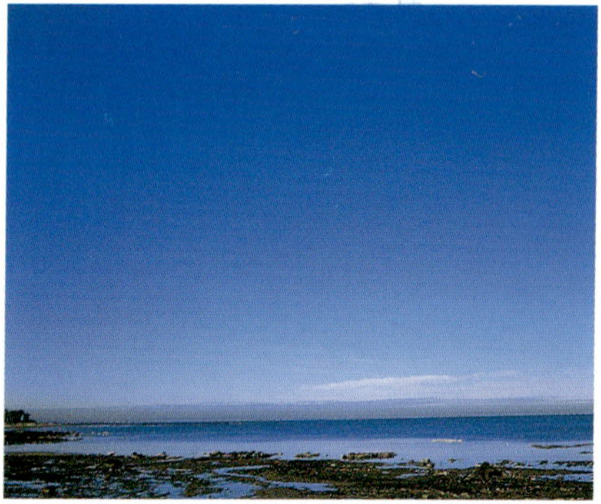